나로 존재하기

나로 존재하기

김화수 제3시집

푸른문학사

| 자서 |

나로 존재하기

〈멀고도 가까운: 읽기, 쓰기, 고독, 연대에 관하여〉라는 책은 예술평론 및 문화비평가이자 작가인 리베카 솔닛의 에세이입니다. 그 책은 "당신의 이야기는 무엇인가? 이야기란, 말하는 행위 안에 있는 모든 것이다."로 첫 문장을 시작합니다. 사실 리베카 솔닛의 말대로라면 제 3시집 〈나로 존재하기〉는 혼자 쓴 일기의 모음이자, 제가 말하는 행위 안에 있는, 확대된 시간에 대한 모든 '이야기'라고 말할 수 있겠습니다.

제 1시집인 〈나와 악수하기〉는 오랜 시간 겪어왔던 수많은 나(타인이 보는 나, 다른 공간, 다른 시간에서의 나, 내가 생각하는 나)가 모두 나임을 인정하는 세상을 그렸습니다. '나'들끼리 만나게 하고, 화해시키며 사랑하게 하는 악수의 과정을 모은 시였어요. 제 2시집 〈언어로 집짓기〉는 나와 타인을 위해 언어로 치유하며 존재의 집을 짓는 작업이자 그 과정이었다고 할 수 있습니다. 저의 시를 읽는 독자들이 저의 단어로 지은 집을 함께 봐주길 원했습니다. 이제는 제 내면의 평화와 외부의 다채로움을 악수시킬 차례라는 것을 알아차린 후, 새로운 에너지로 또 다른 세계를 향한 여정의 힘찬 발걸음을 스스로에게 기대하면서…

지금까지 아름다운 의사소통, 건강한 의사소통의 세계를 만들자며 학생들에게 언어와 언어치료를 가르쳐왔습니다. '가르치는 나'는 '시인으로서의 나'를 드러내지 않을 때가 더 많아요. 학부에서는 상대평가를 통해 점수를 부여하고, 다문화 및 언어치료 관련 슈퍼비전을 시행할 때는 치료사와 대상자에 대해 깊은 관찰의 눈을 갖고 접근하여 지도하지요. 또한 대학원 석박사들과 함께하는 연구에서는 창의적 질문을 제시하고 논문 작성을 꼼꼼히 점검해야만 합니다. 하지만 다르게 생긴 내가 종종 나타났습니다. 복잡한 학교 행정과 회의, 수업이 있는 날엔 이런 내가 노크하며 문 앞에 나타나도 모른 척하며, 건성으로 악수하고 잠시 옆으로 밀쳐놓았어요. 따뜻한 기운을 가진 몸으로 점점 물들 때까지. 하지만 '쓰는 자'의 마음이 어느 정도 확대되면 교정 안을 살살 걸어 다니곤 했습니다. 걷는 나는 '진정한 나'에 가까웠던 것 같아요. '나'와 '다른 나(무엇무엇으로서의 나)'의 물리적으로 공유된 시간에서 끄집어낸 기억은 여러 '나'들의 기억, 계획, 아무것도 하지 않는 평온한 마음 등과 손을 잡고 현재 내가 존재하고 있는 공간의 거리를 걸었습니다. 마음을 따로 하든, 함께 하든 한 방향으로의 걷기 행위는 조금 후에는 내면 깊숙한 곳에 이르게 되더군요. 이제 새로운 세상으로, 새 몸이 되어 나갈 '진짜나'의 시간과 마주하는 거예요. 각자(여러 개의 '나'들)의 계획을 마음에 담은 채 영혼의 걷기가 마무리되곤 했습니다.

    앞서 인용한 책에서 리베카 솔닛은 말했어요. "우리가 책이라고 부르는 물건은 진짜 책이 아니라, 그 책이 지닌 가능성, 음악의 악보나 씨앗 같은 것이다." 라고요. 저는 이 시집이 독자들의 마음을 이끄는 노래이자, 시작하는 마음이었으면 좋겠어요. 1부로부터 4부까지의 분류는 각각 봄, 여름, 가을, 겨울에 쓴 시들끼리 모아놓은 것입니다. 그러니 처음부터 한 페이지씩 넘기거나 지금 이 계절에 맞는 부분부터 읽으셔도 좋을 것 같습니다. 때로는 아무 페이지나 넘겨서 소리 내어 읽거나, 단어와 문장에 시각적으로 머물러 주세요. 저는 버지니아 울프의 말대로 "무슨 수를 써서라도 여행하고 빈둥거리며 세계의 미래와 과거를 사색하고, 책들을 보고 공상에 잠기며, 길거리를 배회하고, 사고의 낚싯줄을 흐름 속에 깊이 담"그려고 해요. 그러니 〈나로 존재하기〉를 읽는 독자들께서도 함께 계절 사이를 여행하면서 스스로 특별한 존재로, 아름답게 빛나고 있다는 사실을 알게 되기를 바랍니다.

2023년 5월

김화수

1부 지나가며 너에게 쓴다

자작나무 · 12
오래된 생각 · 13
사물과 단어 · 14
3월 31일 · 15
지나가며 너에게 쓴다 · 16
숨어 있기 · 18
중얼거림 · 19
여전한 마음 · 20
알베르토 망겔을 읽는 저녁 · 21
빗물처럼 손잡아 · 22
기다림 · 23
내면의사소통 · 24
다시, 봄 · 25
어항 · 26
꽃과 나 · 27
봄날, 창녕 · 28
순환 · 29
봄빛, 마음 준비 · 30
날개를 껴안고서 · 31
거꾸로 달려도 봄이지 · 32
숨 쉬듯 · 33
놀이 마을 · 34
남아있는 것들 · 36
기억의 포획자 · 37
마음 · 38

2부 돌다니요, 돌아가는 길일 뿐

관찰 · 42
돌다니요, 돌아가는 길일 뿐 · 43
그게 나야 · 44
새와 함께 · 45
발화 · 46
따라 할래요 · 47
단어 듣기 · 48
오류음 찾기 · 49
다중언어자 · 50
나는 내 이름이 아니다 · 51
시니피앙 시니피에 · 52
융합에 대한 우아한 조망 · 53
층위와 품위 · 54
손잡고 여름을 지나가다 · 55
자라나기 · 56
같이 · 57
어느새 그리움 · 58
오늘부터, 시작 · 59
나를 알기까지 · 60
꿈을 꾸다: 선線과 선善 사이 · 61
기억에 대한 욕망 · 62
이제는 반복을 좋아하려 해 · 63
여행 중 돌아보니 · 64
거리 제로 · 66
여름 초대 · 68

3부 지금 막 만들었어요,
        식기 전에 들어 봐요

새벽, 사색 · 72
비 오는 날의 대화 · 73
밤이 지나가면 · 74
문 · 75
흐린 날 저녁 기도 · 76
말을 타고 말 사이를 가르며 · 78
나의 하루 · 80
깊은 순간에 · 81
삶의 텍스트, 가을 · 82
구속된 혀 · 84
자폐스펙트럼 · 85
예상 · 86
통신 · 87
단어의 일 · 88
공간 넓히기 · 89
코드 스위칭 · 90
사물 상실 · 92
단어 비 · 93
안고 보니 · 94
책이 나를 선택함 · 95
교차로 · 96
이곳에 살기 위하여 · 97
인간은 슬퍼하고 기침하는 존재라는
         세사르 바예호의 시를 읽다가 · 98
걷는 영혼의 말 · 100
새날들 · 101

4부 시작하는 시

겨울 시작 · 104
나의 여행에 바라는 글 · 105
하늘 위에서 · 106
습관 · 107
다이아몬드 헤드 · 108
소망 · 109
잎맥을 따라 · 110
계절 혼동 · 111
시간의 내면 · 112
시간이 걸어오네 · 113
I walk the line 2 · 114
탈출 · 115
당신의 눈동자에서 눈꽃을 보았네 · 116
아침, 교정 · 118
겨울 방학 · 119
선 따라가는 날 · 120
선택 · 121
구름에게 · 122
시작 주문 · 123
현관 청소 · 124
돌고 돌아, 다시 나 · 125
산의 일 · 126
길 위의 당신 · 128
우리 · 130
시작하는 시 · 132

모르는 각각의 별이 되지 않으려고
별모양 장식을 옷에 달고서

1부

지나가며 너에게 쓴다

자작나무

추론적 의미를 가득 담은 그 단어
포르르 날아가더니만
관습적 의미로 스쳐 지나가 버렸군
너에게 풍성한 단어라고 해서
타인에게 중요한 건 아닐 테니
흐르는 고요함을 따라 가보네
세상의 아름다움을 너무 많이 담은 방은
헤어나지 못하는 그림자를 생성할 뿐
조명을 어둡게 하고
특정한 대상에만 마음 빛을 주면서
생을 바라보았지
손에 담은 달빛의 수만큼
고독은 찬란해지고,
풍경이 배경음악이 되던 날
오히려 혼자가 아님을 알게 되었네
잔잔한 그대여,
영원히 건강하여라.

오래된 생각

새 길로 걸어간다는 건
온정으로 바라보는 것
시를 소리 내서 읽는 것
나무 아래 초록 그늘에서
그의 얼굴을 바라보는 것
내면의 사랑을
걷는 사람들과 나누는 것

사물과 단어

당신이 입 밖으로 꺼내어 언어화시켜도
그 감동 오래전 것이어서
그에게는 똑같은 양의 첫 감동을 주지 못합니다
당신이 호들갑스럽게 아름답다고 말한 오렌지 나무를
그는 알지 못합니다
그는 당신이 발화한 이름의 사물을 본 적이 없었으며
혹여 보았다 하더라도
그의 단어집 사물의 모양은 그게 아니었으니까요
그러니까
보는 방향에 따라 달라지는
산의 색깔에 대해
창문 가까이 자라난 나무에 대해
아침햇살에 물든 주황빛 벽에 대해
그도 당신도 다른 얼굴을 한 채
언제나 자기 마음에서 시작된
자기의 새 단어를 말하고 싶을 것입니다
만들어진 문장으로 서로가 조응하길 기다리면서.

3월 31일

천천히 걷는
날개 옷의 두 소년과
뛰어가는 자동차 속으로
피아노 박자가
사거리 파란 볼을 어루만지는 한낮

햇살과 만나지 못했던 오후
환한 가로등 밑에서
기다려도 오지 않을
석양의 공기 빛 시간을 기다리네

인간의 품위와 자유를 지켜내는 가치,
그 문장 앞에서 잠시 눈물을 흘리렴

내일부턴 기쁨으로 맞아야지
새로운 숫자, 새 마음,
벚꽃 가로수 동네에 포롱포롱 흐를 테니.

지나가며 너에게 쓴다

나무 군락으로 너를 바라보지 않을게. 같은 방향 바라보는 잎사귀를 손가락처럼 매달고 있어도 네 곁의 나무와는 다른 너라는 걸 알아. 이제 막 돋아난 대왕참나무의 초록을 본다. 시 말고 다른 어떤 것으로 이 푸름을 전달할 수 있을까. 사진으로, 그림으로, 노래로, 춤으로 보여주고 들려준다 해도 감각만 남아있던 슬픔의 본질이 사라지진 않는다. 다시 고개를 숙이고 감각의 실뭉치를 조금씩 풀어낸다. 그곳에서 색깔, 향기, 소리가 묻어있는 단어가 하나둘 튀어나왔다. 며칠 동안 담가 둔 그물을 당겨 올릴 때 그물실에 걸려있던 우럭이라든가, 만 오천 원 한다는 갑오징어같이 내 단어는 그랬다. 어둠 속에서, 거리 위에서, 풀숲에서, 마음속에서, 버스 안에서, 늘 가까이 있다고 생각한 너에게, 떠나 있어 그리울 거라고 단어를 전달한다. 사진이나 그림이 아닌, 음이 아닌, 춤이 아닌, 시로. 이국의 바다를 건너면서 너와 함께 갔던 강화도의 바다를 떠올렸지. 시험 마지막 날 달려가 맨발로 걷던 유월의 강화도를. 깊은 너의 눈동자 안에 무엇이 들어있는지 나는 여전히 모른다. 많은 사람들이 식물처럼 군락을 이루었지. 우리는 다른 나무와 다르게 생긴 두 그루 쌍둥이 별인지도 모른다. 문장 속에 자리 잡은, 굳이

내다 팔려면 그럴 수도 있는 그 물고기를 삼킨다, 맛있게. 건져 올린 단어로 옷을 만들어 내가 입는다. 모르는 각각의 별이 되지 않으려고 별모양 장식을 옷에 달고서.

숨어 있기

구름 반쯤
나뭇가지에 드리워진
시간의 숨바꼭질에
5월의 한낮과 손잡고
나도 숨는다
지금까지 걸었던 게
'진짜 나'인데
나 아니라며 사진과 대조하면
그럼 니가 나 해라
너는 얼마나 너로 살아왔는지
지금 호흡이 진짜 너인지
나는 너에게 술래를 제안할 테니
그리도 나를 보고 싶다면
사과나무 아래 책 읽고 있는
나를 찾아내길.

중얼거림

(내가 가진 학문의 깊이가 너무도 얕아 오히려 도망 나오고 있는 건 아닐까? 여러 학문 사이로 이리저리 왔다 갔다, 같은 이야기가 반복된다. 그것을 엮어서 한쪽에서 다른 쪽의 목차로 다시 써 내려갈 수는 없는 것인가?)

산을 만진다
처음엔 하늘과 맞닿은 선을,
초록과 짙은 청록색의 음영으로 굴곡진 부드러운 면을,
선과 면을 지나서
그 안에서 우뚝 서 있는 나무들의 몸을,
그곳에서 반짝이고 있을 나뭇잎을,

산이 가슴에 꼭 들어서니
내가 산인가, 하다가
산에게 내가 안겨 있다는 걸 알게 됐다
산에서 눈을 떼고
그제야 나를 바라보기 시작했다.

여전한 마음

고속도로 주변 나무들이
습기를 가득 머금고 고개 내밀며
봄이 왔는지 탐색하고 있다
딱딱한 나무껍질 속에서
소나무의 수액이 속삭인다
쉽게 마음 바꾸지 않는 법을 배우렴
강렬한 색으로 먼저 꽃 피우고
앞서 저버리지 않는 법
분명한 형태를 지니고 있되
천천히 움직여도 큰 문장이 되는 법
우아한 숨소리로 존재의 깊은 곳에
닿아있는 법
그 호흡 온몸으로 알아채는 사람을
사랑하는 법을

알베르토 망겔을 읽는 저녁

시각적 표지와 분류는 어떤 한 대상을 그것에 맞추어 생각하게 한다. 슈퍼마켓에서 모든 상품을 색깔에 맞춰 진열한다면 어떨까. 사과 옆에 빨간 때수건과 석류 주스, 빨간 내복을 함께 놓는다면. 기억의 언저리 역사를 떠올리며 문학이 탄생하게 될지도 모를 일이다.

빗물처럼 손잡아

견고한 움직임 사이
보랏빛 제비꽃이 손을 흔들고
노란 만리화가 은하수처럼
쏟아져 내리네
오늘 여행으로 말랑말랑해진 마음이
산으로 들로 가진 것을 나누어 주지
너와 내가 만든 시간의 환약을

말 건네던 어스름 녘
몇 개의 아파트 단지,
누워있는 산과 도로,
관목의 무리가
일제히 황혼빛을 안고
우리가 있는 곳에 대해 그림으로 속삭이더군

시간과 공간이 만난
어느 한 점에 서 있는 우리
커다란 구름 위에서
빗물 되어 내려가기까지
얼마나 더 걸어야 하는 것일까.

기다림

2월의 비가 부지런한 땅에 부딪히고
게으른 다리 위로 튀어 오른다

슬픔 몇 개, 대추나무 겨울 가지에 달려 있다가
해당화 숨어 있는 뿌리를 적시니
기다리는 산수유엔 짐짓
노란빛 이해의 구름을 얹어 놓는다

비 그친 저녁 소나무는 이파리마다 보석이구나
아, 무엇이 가난이랴
이제 시작하는 아침은
스며오는 따스함으로 환해질 텐데
나도 따라 봄이 될 텐데.

내면의사소통

물 위에 누워있다
첨벙첨벙 조그만 발자국이 지나간다
얼굴로 튀는 물방울
견디어 데리고 갈 몸은
물방울을 타고
잠시 날았다
낮게 날다가 날다가
햇볕 받은 물방울 하나
무지개가 되는 순간
오래된 몸도 빛으로 떠올랐다
빛은 어느 쪽에서 보더라도
어떤 색으로든 빛날 것이다
몸은 안심하면서
마음에게 고맙다고 인사를 전했다

다시, 봄

그래, 이제 다시 봄

초록물 휘리릭 휘리릭,
휘파람 부는 언덕 위로
촘촘히 겨울을 채워왔던
시간표 한 장 둥둥 떠다닌다

속삭이는 땅속 이야기 듣던
맨 하늘은
말갛게 새 약속을 담아냈다

매화 꽃잎
한쪽 눈동자 열게 하는
따뜻한 바람,
죽어있는 것 같았던
대왕참나무 줄기로 초록 햇살,
호수 단단한 그늘에 떠오르는
빗방울의 작은 움직임,
이토록 큰 소리로 내게 달려오니

그래! 이제 다시 봄이다.

어항

오늘 네가 입은 옷과 물빛
너의 생각과 다르다는 걸 알아
어제 내가 발화한 단어
내 마음과 달랐던 것처럼

보인다
투명한 유리 안에서 움직이는 너
모든 것이 맑게 해석된다
단지 자신만 그거 아니라고 외칠 뿐
나타난 그것은 '바로 너'는 아니라 해도
뇌에서 명령한 대로 따른 '실천의 너'니까
'그게 나'라고 말하는 날이 오길 바라

그렇다고 이게 내 소원일 것까지는 아니야
그냥 나도 그랬었다고 하는 말이야.

꽃과 나

뜰에 매화 피었을 때
매실차를 생각하지 않았어요
과수원 길 사과꽃 피어도
베어 문 과일 농도 셈하진 않았지요
달빛 아래 이화 만발했을 때
배즙 향기 떠올린 건 아니에요

꽃을 마음에 담고
흰빛 분홍빛 햇살을
뇌에 흩뿌려 흡수한 채
어느새 봄 한가운데 있는
나를 생각했어요

흙에 발을 댄 채 고개 들어
하늘에 점점이 수놓아진
진짜 꽃만 바라봤어요
그 꽃 같이 보고 있을
당신을 그리워하면서

봄날, 창녕

은목서 나무
둥근 그림자 가장자리
목련 꽃잎 흩어져 있다
벚꽃 나무 내밀한 기둥엔
작은 벚꽃 몇 송이
산수유 품은 성당과
봄을 걷는 사람들
서로의 얼굴 어루만지며
어릴 때 불렀던 같은 노래 불렀지
우리는 우리로 살아있구나
느려진 속도로 걷는다 해도
서로 기다려준다는 사실을 아는 건
젊은 날 함께 지은 한숨 때문이지
너를 향한 시간의 약속 때문이지
영혼의 친구를 향해 보내는 깊은 미소 때문이지

순환

일기장을 읽었다
같은 것을 보고 감동하는 시간 반복
새봄의 꽃
여름 저녁
가을의 열매
겨울의 빛과 나무
그러나
나는 매년 달라져 있다
진부하지 않은 건
결국 자연이 순환한다는 사실
나의 사회는
죽은 자의 미래였음을
살아있는 사랑이 알려주었다

봄빛, 마음 준비

바람 부는데 춥지 않은 날씨
창밖에는 하늘이 반
저 건너 산책하는 사람
기울어진 풀밭 위로 소나무
그 아래는 역과 이어진 길
내가 보고 있는 것은 하늘인가?
깊은 숲인가, 나무인가,
풀밭인가, 작은길인가?
모든 것이 들어있는 풍경 앞
오후, 네 시에서 저녁으로 걸어가는
봄빛을 마주쳤다
이러다가 갑자기 다가올
여름에 놀라기 전에
정신 차려야 해.

날개를 껴안고서

삼십 대의 어머니로 남아있는
대지의 축복이
초록빛 들판 위에 펼쳐있다

숲속 산딸나무 분홍꽃,
살구나무, 복숭아나무,
작은 호수 표면으로 떠오르던
보석같은 햇살 조각이
매 순간 어머니였네
주름 없는 미소로
나지막한 목소리로

무릎에 늘어뜨린
하얀색 커튼 위엔
수놓던 손과 함께 어머니 얼굴

생이 뭉게뭉게 피어오르는 공간에서
잠시 머무는 날개를
살짝 껴안으리.

거꾸로 달려도 봄이지

거꾸로 달리는 기차가 어두운 터널을 지나갈 때면 창문에 비친 움직이지 않는 좌석들과 얼음 같은 안내의 등불을 따라 과거로 빨려 들어가는 시간여행을 한다. 열 살 때의 운동장으로, 아침 체조하던 5학년의 교실로, 스무 살의 연극 무대로. 다시 터널에서 빠져나왔을 때 오후의 햇살이 비닐하우스 위로, 작은 오솔길로, 겨울 지나간 시냇물 위로 흐르고 있다. 계절의 순환은 스케이트장을 본래의 호수로 되돌려 놓은 채, 반쯤은 겨울, 반쯤은 봄의 얼굴로 말을 건넨다. 새로운 목련의 솜털에는 봄이라고 적혀있다. 거꾸로 가도 어제의 몸이 아닌 것처럼 이 봄도 그때의 봄은 아니려니. 그래서 새봄이라고 불리는 이 봄은 신이 나 있는 것일까. 함께 신나서 어린 몸으로 돌아갔구나.

숨 쉬듯

너의 머리카락 위로
어깨 위로
한 움큼
저녁놀
내려앉았네
한 올 한 올 황금빛 줄기를 따라
연결된 구름과 하늘을 바라봤지
저 멀리 나무도 너처럼 서 있었어
오랫동안 사랑했던 나무들이
또렷이 너의 배경임을 알게 된 날,
너의 등 뒤로 다시 새 꽃봉오리 하나
머리카락 사이로 햇빛 하나.

놀이 마을

낮은 언덕마다 골드필드 물결
세상의 모든 기쁨이 숨어 있는
골짜기 속속들이
아침 햇살이 닿고 있다
하늘과 악수하는 야자수,
그림과 영화에 등장하던 사이프러스는
자기들끼리 마을을 만들었구나
스페인어로 말 건네던 트램과
오전까지 불 켜져 있던 창문 안의
언어가 만나 새 꿈을 속삭였지
바닷속 이어달리기하는 물고기를 타니
세상을 빙글빙글 돌며
마디마디 해야 할 일을 알려 주었네
영화 속으로 들어가는 기차 안에선
시간을 거스르거나 앞서 나가며
사랑에 대해 생각했다
나로 존재하는 시간은
역할을 떼어낸 혼자의 시간이 아니라
모든 '나'들의 총합임을 깨달았으니
어느 시간에 존재하든,

무엇으로 살아가든,
깊은 영혼에 옷을 입혀
내 안으로부터 세상을 향해 내보내야 한다.

남아있는 것들

새기고 싶은 발자국이
비 오는 이 거리에서는 생겨나질 않는군요
빗소리에 지워지고 지워지는
목소리는 또 어쩌구요

햇살 부서지는 언덕에 서 봤어요
햇빛으로 다사로움 가득한 공기 속
나무 옆에서 노래를 불렀지요
나무들이 원래 시였으므로
이중주로요

나무는
거대한 뿌리로
발자국을 대신 남겨 주었습니다

기억의 포획자

창문이 양쪽으로 나 있는 집에서는
이리저리 공기가 드나들고
햇살이 비추면서 더해진
골목길의 싹 움트는 소리가 들린다
같은 음과 리듬으로 그 소리를 재현해 낸들
세월의 가르침은 그대로가 아닌걸,
기억에 덧붙여 더욱 풍부하게 지혜롭구나
그러니 기억을 여행하게 내버려 둬야지
밤의 꿈에다 인출된 기억을 더하고
영혼의 어두운 시간에도
새 빛을 얹자
가둔 것에는 부작용이 따르니까.

마음

마음은
여러 개의 고체로 된 생각들이
들어있는 주머니

신은
가장 아름다운 색의 배합으로
마음을 구성해주려고
매일 아침 덜그럭덜그럭 띵동댕동
주머니를 이리저리 돌려 만들어
내려보내며 축복한다
나타난 색만큼이나 고운 세상과 만나
네 영혼 오늘 하루
눈부신 움직임으로 잘 살거라

오늘은 어떤 조합의 마음을 받았을까
하루종일 흐린 하늘 아래
하얀 의자에 앉은 채
둥둥 떠다니며 마음을 바라본다

마음엔 어느새

기억과 미래
겸손과 맑은 사랑
스며든 영혼의 그림자
그리고 신의 마음

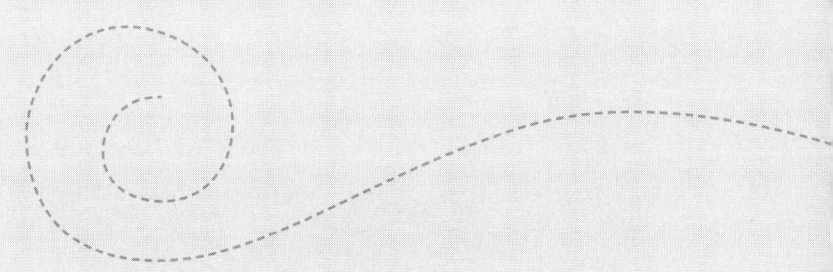

코끼리 코처럼 길게 뻗어
높은 나무 열매 따먹는
재밌는 여정

2부

돌다니요, 돌아가는 길일 뿐

관찰

타인의 뒷모습을 바라보고 있는
물끄레한 사람을
다시 옆에서 보고 있다
그러면 그의 옆모습이 아니라
안이 보인다
손을 움찔거리기도 하고
고개를 끄덕이며 동경하기도 하는,
그의 창 안에 그림과 단어가 조합된
음악이 흐른다.

돌다니요, 돌아가는 길일 뿐

재즈를 듣다가 길을 놓쳤다
매일매일 다니는 등굣길에서 길을 잃다니

돌아가는 길엔
새로운 농가가 보인다
나무와 하늘이 눈에 들어왔다

돌아가는 길이라고 해서 나쁜 일일 리 없다

코끼리 코처럼 길게 뻗어
높은 나무 열매 따먹는
재밌는 여정

그게 나야

길을 잃고 골목길에서 울다가도
살짝 얼굴 내민 햇살에 웃음 짓는,

이색저색 조합하여 뜨개질한 육각형
한조각 한조각 마을을 상상하며 걷는,

책 속에 코 박은 채
몇 시간째 꼼짝하지 않고 여행하는,

편 갈라 놀이할 때
싸우지 않으려고 깍두기가 되고 싶은,

저녁놀 바라보며
사진 찍기 좋아하는,

그리고
너보다 너를 더 좋아하는,

그게 바로 나야.

새와 함께

그 새는 가볍지 않아
노래도 가끔만 부르지
다른 새들 날개 펴고 날 때
가만히 지켜보다가
남아있는 음률 가다듬고
부리로 가슴 근처 깃털 어루만지네
온몸 적시는 빗물 아래서는
존재보다 더 큰 그림자에
영혼 드리우며
날 수 있는 용기를 확인하지

창을 열면
한 가닥 실
심장의 한 면 도드라진 곳에 묶고
나는 연습을 하는 새
느려진 걸음으로
나는 그 새를 산책시키네
결코 나를 떠나지 않을
조그만 그 새,
수많은 영혼 곁에서
자꾸만 노래하도록.

발화

공간 안에
마음들이 둥둥 떠다니며
소리를 만들어냈지
소리의 모음은
빛을 다른 색으로 변화시키더니
몸으로 포시시 가라앉았다
옷이 아닌 그것은
스며들고 스며들어
마음이 되었구나
마음이 공간으로 손을 뻗은 날
낯선 목소리의 자아가 나타나
새날들의 남은 시간을 기록했네

따라 할래요

생각한다, 또 생각한다
담과 담 사이
나와 또 다른 나 사이
우리 사이
평화로움 되기 위한
사랑의 집 함께 지으려 하네
벽과 벽 사이 넘어서
이방인 아니라고 했으니
환대의 눈 맞춤 볕 쏘이고
어깨 나란히 사랑이 되리라
변화의 말
그 공간 안에
언어와 사랑 모여 있으니
그 단어, 그의 문장 투입시키며
나의 주인이 되리라.

단어 듣기

잎사귀는
자기가 가진 수많은 귀 중 몇 개를 나눠주었다
잎사귀의 귀를 가진 내 몸은
둥실 떠올라 봄의 공기를 입었다
이제 막 생겨난 햇살의 주황색 눈동자가 전하는 말
시작하는 사람들의 발걸음 소리
가슴 뛰는 소리
모두 그 귀로 들었다
아직은 외로움을 몰랐지
손끝에 머물렀던 시간을 글자로 새겨넣고
먼저 떠난 생각들이 돌아올 줄은 정말 몰랐네
꼬불버들 가지 스치며 걷던 초록길에서
너에게도 새 귀를 나눠주고 싶었다
계속 걸으라고 말하는 소리
나무 곁으로 가라고 속삭이는 소리
시간의 잔잔하거나 격동적인 소리
내면의 소리를 듣는 귀를
여름이 온 날 아침
너의 머리에는
내 단어를 듣는 연초록 귀 하나
삐죽 솟아올라 있더라

오류음 찾기

빛들이 부른다
시작하는 아침의 삶에
단어와 문장으로 베어진 낮의 심장에
소란스런 오후의 귓가에
혼동의 자음이 쏟아진다

아무튼 볕의 형태로,

황혼 녘의 숨소리에
하늘과 하나 된 주홍빛 들꽃으로
빛속으로 들어가
시간이 된
팔월의 양팔.

다중언어자

초록의 빗금 안에 들어갔다가
여전히 남아있는 갈대 위에 누워
낮은 하늘 구름을 만진다
숲 가장자리에는 숨 고르는 관목들이
십 년째 그 자리에서
작은 꽃을 피웠다가
촘촘한 잎사귀 얼싸안아
낮은 담장을 만들곤 했다
모든 걸 알고 있는 대지는
온갖 언어를 이해하여
많은 언어로 걸음걸이에 말을 걸었다
보스턴에서 뉴욕까지
네 시간 동안이나
하늘은 해를 가려둔 채
여행자의 마음을 어루만졌다

나는 내 이름이 아니다

나는 점이 아니다
의식의 파편들을 모아놓은 덩어리도 아니다
오히려 그것을 제외한 모든 것이 되는 존재다
사물은 나를 통과하고 지나간다
창문으로 나온 나는
날기도 하고
애드벌룬을 타기도 하며
그대로 하늘이 되었다가
나무가 되기도 한다
여전히 새것인 내 존재는
여러 이름을 단
거리, 산, 달로 태어나
내 별의 주인이 될 것이다.

시니피앙 시니피에

너의 기호와 나의 기호가
혼재되고 있는
소리 가득한 비행기 안

소리가 의미로 바뀌는
자동 입력 시스템에
너의 옛날이야기를 담고
형태가 화용이 되는
눈 맞춤을 했다

언제까지 우리는 통역자가 필요한 것일까

일상의 기호는 하늘을 날아다니는데
노래 속 너는 가라앉아 있구나
슬픔 담은 영화를 입고
구름 위에서 언어장애 코스프레

아, 이제 우리
얽힌 기호로 만나지 말고
단단한 레퍼런스가 되자.

융합에 대한 우아한 조망

또 다른 질감의 빛과 바람이 문을 열 때마다 차곡차곡 쌓여간다. 지금까지 쌓아온 건 형체 그대로 남아있는 걸까? 같은 온도, 같은 햇살의 양, 향기, 공기 입자로 설정된 날이 생긴다면(운 좋게),

큐브 안에 들어있던 것이 둥둥 떠올라 공중해체 되면서 기억이 흩뿌려지겠지. 그렇다고 해서 원래 형체가 사라지는 것은 아니며 매번 새로운 복제본이 공기 중에 생성될 것이다. 그 복제본에는 다른 햇살이 더해지거나 공명된 각각의 다른 기억이 더해지기도 하겠구나. 우아한 살만 악타르를 읽으며 '말하는 나무'와 '슬픈 기차'에게 노래하는 나의 하늘을 보여줘야지.

층위와 품위

시간과 기억에는 층위가 있다
기억과 마음에도 층위가 있다
타인의 문장을 읽으면서
'층위'를 '품위'로 잘못 읽었네
읽기 오류는
품위 있는 시간, 기억과 마음으로
솟아오르더니만
아주 힘들었던 시간 속에서도
꼿꼿이 고개를 들고 허리를 펴고 걸었던
어린 나를 떠올리게 해주었지
배경음악의 음과 속도가 바뀌니
기억 계단 위 마음이 펄펄 살아나
여름 향기가 노트북 안에 가득해졌구나.

손잡고 여름을 지나가다

여름에는 은밀한 고독이 피어났지
각자 존재하는 곳에서
두 개의 견고한 선이 연결되어
산이 되고,
오래된 산에는
보랏빛 오동나무꽃이
바람 속에서도 튼튼히 달려 있구나
달려가 만난 돌섬 대교 앞바다에는
폭풍이 올 걸 알면서도
여전히 분홍빛 구름이 떠 있었네
영원히 놓지 않는 두 개의 손이,
함께 여름에게 작별 인사를 하고.

자라나기

조금 후면 지나갈 구름이
마을에 머물러
큰 하늘처럼 버티고 있구나

구름이 시간을 잠식해 올 줄 모르고
빛 여울 찬란한 골든레인트리 아래서
큰 하늘의 아래 면인 양 구름 덩이를 바라봤지

당신이 보는 하늘은 저 너머 있는 게 아니야
매일매일 고개 들면 보이는 하늘이지

구름이 하늘처럼 군다 한들 무슨 상관이 있으랴
오늘이 지나가면 또 다른 하늘,
그 하늘 밑에
쑥 자라 모감주 열매가 될 것을.

같이

하루종일 숲속에 앉아 있었어요
초록 가운데 빛나는 청색으로 나타나
말 건네던 당신에게
골짜기 흐르는 물소리로 대답합니다
흐르고 보니 큰 돌, 작은 돌 사이로
쉽게 흘러가게 해준 건 당신이었다고

숲속에서 나와
더 잘 걸을 수 있게
디뎌야 할 땅을 다졌지요
맑다가 흐린 하늘 아래
슬픈 고들빼기 노란 꽃과
동화를 쓰라던 당신 곁에서요

산 허리께 피어있던
방글방글 웃는 애기똥풀
수줍은 단양쑥부쟁이에 빠져
봄도 다 보낸 채
이제야 단어 한 줌 보냅니다.

어느새 그리움

너의 얼굴이 담겨있던 곳에
숲을 담았다
너나 숲이나
모두 초록이다
펄펄 살아
훨훨 날아다니는 나뭇잎

오늘부터, 시작*

단어들이 보여주는
섬세한 심상을 따라간다
사라진 것이
진짜 사라진 게 아니었음을 알려 준다
서서히 나의 뇌 속으로 들어오는 감각
뇌 안에서 만들어지는 기억과의 콜라보
다시 살아나는 생생한 대상들
대상물로 가득 찬 세상은 자꾸 커졌다
상자 안에 세상을 넣은 채
자그만 상자만을 쏙 가슴에 담으니
세상은 내 것이 되었다

*테드 휴즈의 책 이름

나를 알기까지

과일나무가
좋아하며
수런거린다
먼지 씻긴 나뭇잎들은
내일 햇살에도 맑게 웃을 테지
처음으로 돌아갔지만
태어났을 때의
그 나뭇잎은 아닌
초록을 달고
초롱초롱한 눈빛으로
여름 시작
달리는 길 양옆으로
물기 어린 나무들
꽃이 진 자리마다
철학 한 개

꿈을 꾸다: 선線과 선善 사이

존재가 드리운 공간에서는
그림자가 또 다른 존재를 만들어요

선 사이사이로 드나드는
사유의 격정을 읽었습니다

가장 큰 선을 따르는 자는
그 선이 절대적이라 생각해서였겠으나
시간과 함께 그 형태,
때로는 개별의 것으로 변형되네요
주장하는 사람들이 모여 만든 '선'의 형태는
원래의 그 '선'이 아니게 되더군요

선명한 선이라고 해서
나쁜 것도 착한 것도 아니니
깊이깊이 나에게로 돌아가되
세상에 나누어 줄 수 있는
따뜻한 선을 그리겠다고 다짐했어요.

기억에 대한 욕망

시간을 버린다고 버려질 수 있겠어요
기억을 지운다고 지워질 수 있을까요

새벽 어스름
향기로 떠오르고
물방울 반짝이는 나뭇잎에
아침 햇살로 날아다니지요
저녁 설거지물 속에서
목소리로 달려오다가
꿈길로 이어진 밤의 숲속에서는
단어 목걸이로 조각을 맞추는 걸요

담는 것이 욕심이 아니라
다 놓아버리는 게
시간과 기억에 대한 욕망일 지도 몰라요

이제는 반복을 좋아하려 해

한낮의 거리에는
꽃잎 떨어지는 소리가
땡그랑 또르르 포르르
나무와 속삭이는 하늘 사이사이
꽃잎이 아니라
춤추며 떨어지는 공기 사이사이

존재의 소리
나무의 생각
잠시 미뤄두고 탐색하는
땅 사이사이의 너
별빛처럼 하늘을 난다

너와 내가
억양을 달리 한 채
똑같은 문장으로
매년 같은 자리에서
꽃잎으로,
꽃잎으로.

여행 중 돌아보니

가진 것에는 먼지가 쌓여가고
사라지기도 했으며
누군가에게 선물로 전달되기도 했어요
그러나 내가 가진 기억
생생히 살아나요
빛바래지도 않고
더욱 선명하게
공간과 소리가 어우러진 그것은
날로 나를 풍요롭게 하더니만
마침내 아침마다 새 시간과 손을 잡지요

머물지 않음은 당연합니다
묵직하게 견고하게 만들어진 형상을 통해
세상에 대고 노래하네요
남을 위해 억지로 만든 모습이라고 생각했던 그것은
어느새 진실한 내 모습이 되어버렸음을 알게 되었어요

그러니
바라던 곳에 마음이 먼저 가 있게 하라는
누군가의 얘기를 듣길 잘했습니다

기억을 새 언어와 만나게 하고
그 마음을 따라가니
나, 이곳에 도착해 있어요.

거리 제로

1.
어떤 날의 노을도 아름답지 않을 땐 없었다
오늘도 노을을 바라보며
당신이 듣고 있을 라디오 주파수에
파인 튜닝,
음악에 실려 있는 당신의 호흡을
이곳에서 들었다
어떤 날의 노을도 당신 아닌 것은 없었다
당신의 뇌가 투영되어있는 거리에서
당신을 듣는다.

2.
주파수를 맞추는 건 적극적 행위지 세상의 소리와 장면 지나갈 때 감각에 들어온 그것이 명확히 들리거나 보이는 순간이 있다 울림의 사건이 일어나고 난 뒤 깨어난 의식은 잠시 멈춰 섰을 때 다가온 선물이다 글자로 이루어진 편지이자 꿈의 해석이다 매일매일의 상징과 소리를 받아 적는다.

3.
대상물 간의 거리에 놓여있는 시간을 조였다가 다시 풀어 놓는다 기억들은 금계국 꽃차의 노랑 안에서 일제히 물방울로 떠올라 일상 밖으로 흩뿌려졌다 습기 어린 얼굴로 삶을 만진다 고양된 일상의 순간이 수십 년간 쌓여 점이 되었다 점은 여러 가지 색을 가지고 있어서 보는 사람은 취향에 따라 좋아하기도 싫어하기도 했다 그 색깔이 어떻게 보이든 상관하지 않는다 시간이 담긴 자신의 생이 순간순간 예술이었으니까 예술이 된 당신은 그럴듯한 자기의 점을 가만히 들여다보았다.

여름 초대

금호강가에 머물러 있습니다
봄이 가는 소리 아래
강물 속에는
어느새 더운 공기로 숨 쉬는
하늘이 떠 있네요
불빛마다 가득한
사람들의 꿈을 봤어요
조금 큰 소리로
내 꿈을 말했다고 생각했는데
사람들과 같은 음이 울려 퍼지는군요
합창처럼요
여름 한가운데로
우리 손잡고 가야 하니
숨 고르고 다채로운 색깔로
웃도록 해요

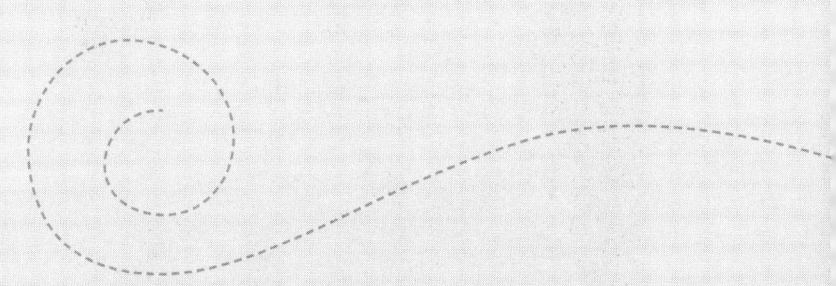

시간을 보글보글 끓이며
또 다른 시간을 만들어냈다.

3부

지금 막 만들었어요, 식기 전에 들어 봐요

새벽, 사색

새벽을 걷는다는 건
밤의 마모를 온몸으로 막고
새 공기를 담겠다는 의지였습니다
당신을 따라
바닷가를 걸었습니다
사색하는 당신은
파도소리를 모아 기억 둥지에
차곡차곡 개켜 놓았지요
언젠가 당신이
그 소리 재생하여 내게 들려준다면
같은 밀도로 재어 놓았던
몇 개 단어를 풀어
노래하겠습니다
소리와 문장으로 만난
우리 마음이
하늘에 고스란히 퍼질 수 있게요

비 오는 날의 대화

방울처럼 튀어 오르는
단어와 문장들이 모여서
커다랗게 원을 이루었군요
의도가 다른 마음은
채 날아오르지 못하고
톡톡 터지는 걸요

무관심한 척 중얼거림보다는
속삭이듯 작아도
소리에 방점을 찍어주길 원해요
당신이 공들여 선택한 단어들이
내게로 부딪혀 올 때
햇살처럼 반짝이게요

밤이 지나가면

차가운 달빛 아래 서 있네
창 닫힌 불빛의 집들은 고요하고
햇볕 쬐며 호흡하던 나무들은
하늘과 하나가 되어 그림으로 남아있다

융합된 밤은
낮의 걷기 속 심상에 담겼던 바람을 초대하고서
떠오르고 가라앉는 생각에게 끝없이 물었지
관객이었던 바람은 현재에 닻을 내리게 했다

시간 속에 있던 모든 대상은 사물이 되었다
사물에 이름 붙여주고
서로를 깊이 바라보게 하니
사유는 우아한 걸음으로 사라지고 본질만 홀로 찬란하구나

문

열기만 하면 되는 문을
쳐다만 보고 있었구나
오늘 아침엔 그 문 환하게 열려
영혼 드나들기 좋았네
초록빛 나뭇잎들 반짝이는 꽃자리
건너편 연못에는 청둥오리 두 마리
카키색 부리로 세상에게 묻는다
푸른 하늘 아래 작은 성 안에서
아이에서 어른으로 자라는
내 영혼 바라보았지

흐린 날 저녁 기도

흰색 벽이 푸르게 물든 저녁입니다
아까 내린 비로
땅에는 초록 그림자 하나 떠 있습니다

나의 단어를 잃지 않게 해주세요
진부한 자기 반복 속에서도
단어에 담긴 타인의 정의와
타협하지 않게 하시며
그 단어 그대로
하늘로 띄워 올려 보낸다 해도
부끄럼 없이
나이게 하소서
공유한 단어의 한 면만 내 것이라 해도
다른 면의 빛으로 뒤덮이지 않게 해주시고
흉내 내며 약속된 언어로
내 욕심 채우는 나는 버리게 하소서
맑음과 평화로 주신
오늘의 약속이
깊이깊이
내 안에 새겨질 수 있게 하소서

말을 타고 말 사이를 가르며

말馬과 말言語은 같은 말인지도 모르겠다
입력단어 사이에서 머릿속 말들이 말을 타고 앉아 있다
때로는 평야 위를 타박타박 걸으며
사람들의 표정을 읽고,
정지해 있지 않은 풍경을 달리면서
큰 숲을 바라보기도 한다
수줍은 아이처럼 나뭇잎 사이 숨어 있던 말들이
툭툭 튀어나오면
어설픈 목걸이로 이름 드러냈다가
어떤 날엔 그 목걸이 휘날리며 달려 나가
달빛 아래 호수에서 목을 축이기도 했다

말이 걷고 달리는 것은
말을 가진 이들의 마음에 달려있다
아침 비를 마주하며
잠시 쉬어가는 이 숲에서
닿지 않은 말들에 대해 생각한다
말할 수 없는 것은
말하지 못하는 것일 뿐,
말馬은 그 방향으로 가지 않을 것이다

뇌 안에 말이 가득 차서
저절로 흘러나올 때까지는.

나의 하루

먼저 물든 나뭇잎이 모여 전체 나무의 채도를 낮추고 먼저 꽃 핀 가지들이 그랬던 것처럼 계절의 순환을 말해준다. 햇살을 더 오래 받은 하나의 나뭇잎이 다른 나뭇잎에게 당신도 어서 계절을, 시간을 받아들이라고 말해주며 손 마주하고 있는 가을날이다. 바람 부는 교정에는 분홍 바늘꽃이 흔들리고 있다. 이젠 흔들리지 않을 거라 생각했으나 마음은 담는 그릇에 따라 그 모양이 늘 달라졌으며 눈과 마음에 담겨진 시각적 심상과 소리, 단어에 따라 수없이 많은 다른 빛들이 반짝이곤 했다. 흐리고 바람 부는 오후의 뜰을 천천히 걷는다. 두꺼운 잎은 두꺼운 대로 아직 남아있는 가을꽃은 꽃대로 이리저리 흔들리며 사색하고 있다. 사물을 낯설게 바라보며 일상에서 새로움을 찾는 기쁨은 매일매일의 반복을 견디는 힘에서 나올 터. 나의 하루가 흔들리며 새로운 영화의 낯선 장면처럼 펼쳐져 있다.

깊은 순간에

꽃을 바라보다가
생에 대해 생각했다
오래 깊이 바라보지 않았던
수많은 날들이 다 흘러가 버렸다
지금 시간을 손안에 담고 나니
순간이 영롱하게 반짝이며
영혼의 소리를 듣게 되었다
꽃을 보는 자는
자기를 보는 자이다
지금 여기에 존재하는 자는
감각을 열어
자기 소리를 듣는 자이다

삶의 텍스트, 가을

고속도로 방음벽을 타고 올라온
담쟁이덩굴이 가을을 안고 붉어졌다
바깥으로부터 안으로
구경하러 들어온 주변인이
오히려 중심이 된 벽,
곁눈으로 바라보며
호기심으로 왔을 그 시작에
나도 따라 마음 맞추네
가만가만 귀 기울이는 벽 아래 풀들
나도 따라 경계에 서서.

지금까지 구성해온 삶의 텍스트를 읽는다. 소리가 들리는 대로, 눈으로 본 대로 만들어진. 그런데 장면에서 놓쳤던 조각이 모여 얼기설기 큰 천이 되어있음을 알아챈다. 직조된 색실의 어느 부분은 매듭이 밖으로 튀어나와 있기도 했고, 주변 색과 어울리지 않는 부분도 있었다. 새로 배운 무늬 짜기로 문양을 넣기도 했으며, 단조로운 짜기만 계속된 줄도 있었다. 일부러 제쳐두었던 시간이었을까, 정말 사라진 사물이었을까, 는 중요하지 않다. 어느새 생으로 스며든 작은 공기 입자는 한 권의 책이 되었다. 맨드라미꽃을 담은 타인의 사진에 눈물이 핑 돈 아침, 고속도로를 달리다가 우측 벽의 담쟁이덩굴 잎이 하나씩 둘씩 붉어진 모습을 스치며 가을이 왔나보다 했다.

구속된 혀

철학자는 자기 문장을 따라오도록 언어를 펼친다. 색깔 다른 단어에 잠시 갸우뚱했으나 문장을 따라가다 보니 논항이 포함된 그의 명제는 어느새 진실이 되어버렸다. 나 역시 처음엔 자유롭기 위해, 그다음엔 더욱 사랑하려고 대상에 이름을 붙였지. 그런데 빛나던 단어들은 얼마 지나지 않아 다시 나의 빗금 그려진 창이 되었다. 그걸 깨닫는 건 항상 발화사건이 일어난 한참 뒤라는 게 문제.

자폐스펙트럼

아기 울음소리가 작게 들려오는 비행기 안, 내면 바라보기 작업을 시작한다. 바라보기는 기꺼이 나와 타인의 다리가 된다. 타인을 관찰하며 신기한 시간을 모은다. 중얼거리는 아이들의 말을 노트에 전사한다. 하루 종일 쉴 새 없이 만들어진 그 소리를 가만히 들여다보니 생각하고 있는 것, 기억에서 떠오른 것, 해야 할 일, 아까 한 일, 본 것, 지켜야 할 사항에 관한 짤막한 관형구다. 손으로 입을 가린 상태에서 말해서 그 내용이 무엇인지 알 수 없게 하는 아이도 있다. 혼잣말하는 행위에 동참하여 드러난 행위로 과정을 짐작하며 언덕을 건너가 본다. 아까 지나왔던 시간과 앞으로의 시간에 대해 나도 따라 중얼거려본다. 일부러 그가 발화한 소리를 따라 느리게, 빠르게 그의 생각으로 다가가 본다. 그 과정에서 그의 감각과 지각, 기억과 언어 인지과정이 고스란히 전달되었다. 생각과 생각 사이를 날아다니며 깊은 이해의 골짜기에서 작은 나무들과 손깍지를 낀다. 나를 만든 신을 본따 생각을 만들었다.

예상

새 계절, 새 시간의 진입 알람 소리
처음부터 내 것은 아니었다 해도
이젠 이 세상 다 가진 것처럼
손에 가득 잉크를 묻히고 길에서 쓴다

노랗게 익은 밭의 곡물들
잔잔한 호수의 표면 위로
새롭게 지각된 빛이 펼쳐져 있다

어떤 쓰디쓴 거부도
차가운 응답도
모은 의견이라며 내미는 종합 문장도
그들끼리는 화용적 근거가 있겠지

그러나 알아차렸다
쓰지도 차갑지도 않으며
격파 가능한 단어에 불과하다는 것을
잘못된 시스템은 붕괴될 것임을.

통신

지금 막 만들었어
이 문장 좀 들어 봐
식기 전에 들어야 해
그 순간을 그냥 지나친 나
밤이 되고야
발음과 함께
너의 단어를 복기한다
너에게 새로 버무린 겉절이던
그것
내게로 와 숙성된 치즈가 되었네
하, 둘 다 맛있으니까
너와 나 사이에 놓인
그 단어 자랑할 만해.

단어의 일

내 단어 사전에 있기는 하지만
한쪽으로 밀어놓았던 단어들
쓰이지 않은 채 녹슬어 있다가
언젠가 존재하지 았았던 것처럼
흔적 없이 사라질 것이다
살아있는 내 존재를 밝혀준답시고
나중에 문장으로 나타날 리는 없다
부정적인 것
움츠러들게 만드는 것
아름답지 않은 것
사악한 것 말이야
위대한 혁명 시인이 되려고 하니?
아니, 내게서 소멸된 단어를 살려낸 다음
그것으로 건축물을 만들지는 않을 거야
하루하루 내가 사랑하는 길로
길게 걸어갈 거다.

공간 넓히기

책을 넣느라 좁아진 방을
책을 빼며 넓힌다
복잡해진 마음에다
따뜻함과 나눔의 손을 뻗어
얽힘을 풀어내자
잡동사니 지식으로 차 있는
뇌로부터는 내 책을 끄집어내고
그 비어있는 공간에
사람을 생각하는 마음,
새로운 배움자리가 만들어지게.

코드 스위칭

단어가 다른 단어로 진화하고 있다
생성과 소멸을 한데 모아
새로운 언어가 창조되고 있네
끊임없이 들려오는
세상이 지워지는 소리
세상이 만들어지는 소리
나도 함께 쓴다
언어의 한 가운데 서서

최소대립쌍, 최대대립쌍을 생각하며
발음놀이처럼 단어를 변경하지
이미지는 재빨리 이동하고
뇌 속 심성어휘들이 잡았던 손을 놓더니
또다른 단어와 결합했다

정보는 날아다니지만
나는 단어를 잡지 않았네
낮은 채도의 초록을 배경으로
내가 해야 할 일과 하고 있는 일에 대해서만
생각하고 있을 뿐이야

몸은 여기에 있으면서
들려오는 단어를 중심으로
배열된 미래 시간에 나를 던진 채.

사물 상실

사물에 들어있는
생각을 잃은 건 아니잖아요
당신과 함께 꾸민 무대장치 위로
연습했던 동작과 대사 흩뿌리면
우리 연극이 사라지나요?
그 벽, 그 지팡이, 그 창문
다시 다른 무대의 다른 것이 된다 해도
따스했던 겨울날
두 사람 손 함께 들어있던
외투 주머니는 노래로 남았잖아요
슬퍼하지 말아요
지나간 어린 꿈
시간과 함께
어떤 사물에든 스며들어요
희망으로 복제된 우리가.

단어 비

단어가 내려오는 날
마음을 여러 형태로 빚어
같이 띄워 보내네
큰 덩어리 공기를 잘게 부수어
하나씩 철자를 담았더니
풍선처럼 부풀어 올라
또 하나의 주제가 되었지
확산하는 시간에 함께 하는 언어여!

안고 보니

내면에 빛이 들어왔다
소멸하지 않을 자유와
막대한 풍요가
안에서 춤추듯 일렁거린다
팔을 크게 벌리고
더 멀리 바라보니
지평이 넓어지며
세계가 확대되었다
나무 이파리들이
하나하나 반짝이며
개별의 언어로도
하나의 세상이 될 수 있음을 알려주었으므로

책이 나를 선택함

서점의 매대 위에서
온라인상의 화면 위에서
책은 당신을 바라본다
숨소리를 듣더니
결핍을 알아챘다
스스로 위로하고 칭찬하는
연극 같은 목소리를 듣더니
오히려 자기가 그 역할을 하기 위해
달려왔다
당신을 선택한 책들은
빵을 굽는 시간
국수를 삶는 시간
때로는 두부를 부치는 동안에도
끊임없이 말을 건넨다

교차로

빨강 파랑 회색 지붕의
농가를 지나고
작은 시냇물을 지나니
교차로가 나타났다
저마다의 생에서 튀어나온
동물과 사람, 그리고 차들이
그곳을 건너간다
고개를 끄덕이며
하늘을 바라보며
젖어있는 길에서 주운
타자의 한숨을 어루만지기도 했다
여전히 큰 우주 안에서
작은 우주 되어 만나는
시간의 교차점.

이곳에 살기 위하여

재미없어하는 일에 휩쓸리며 흔들리지 않기
어떤 것에나 습관적 열정을 쏟지 않기
곁눈으로 살짝만 걸치며 바라보기
딱 그것 하나만의 본질 때문인 것은 없으니
이 방 안에서는
영혼과 몸, 마음이 서로 대화하게 할 것.

인간은 슬퍼하고 기침하는 존재라는 세사르 바예호의 시를 읽다가

세사르 바예호의 시를 읽다가
찌개를 끓이는 아침
담겨진 시간이 끓고 있다
사거나 선물 받은 여러 재료들이
이전에 그것을 가져왔던 시간과 함께

청국장과 된장
호박과 두부
자색감자와 제주감자
소고기와 버섯
파, 마늘, 고추가
물과 함께
춤을 춘다

내 생에서 다시 못 만날 사람들 얼굴,
두부 사러 들렀던 가게 앞 자전거,
청국장 사기 전 구경했던
시골 마을 항아리와 쏟아지던 햇살,
감자를 고르며 맡은 어릴 적 흙 향기…
사라질까 두려워 깊이 안아 바라보다가

저리고 매웠던 눈물이 뚝뚝 떨어졌다

선물 받은 아침 창엔
햇살과 나무 그림자 하나

한 계절이 지나가는 이 아침
오래오래 끓여왔던 불안과 슬픔이 사라지고
구름 한 점 없는 하늘처럼 맑아졌다
시간을 보글보글 끓이며
또 다른 시간을 만들어냈다.

걷는 영혼의 말

디디는 발끝의 모양과 색깔이 다르다
바닥을 보고 앉아 있으면
지나가는 사람들 생각이
걷는 발에 묻어있다

걷는 사유의 숲에는
시간의 기억들이 촘촘히 얽혀있다
기억에서 튀어나온
사물과 사람, 장면들이
부딪혔다가
가볍게 인사하며
새로운 시간의 손을 잡는다

걷는 사람들은
자기 이름을 잊은 채
영혼1, 영혼2로 대사를 건넬 뿐.

새날들

마음 곁으로 흐르는 샘물은
누구에게나 같은 물입니다
어떤 이는 물에 비친 자신을 바라보고
어떤 이는 목을 축이지요
아, 사랑하는 사람이나 동물, 식물들과
한 모금씩 물을 나누는 사람도 있겠군요
튀어 오른 물방울이 햇살에 빛나는 순간
노래를 부르는 사람
그림을 그리는 사람
사진을 찍는 사람
숫자를 부여하는 사람
손끝으로 만지는 사람
소리에 귀 기울이는 사람…
모두 모여 춤추는 오늘은
새 계절의 첫날입니다
대상을 다르게 본다 해도
다른 단어를 붙인다 해도
누구에게나 새날입니다.

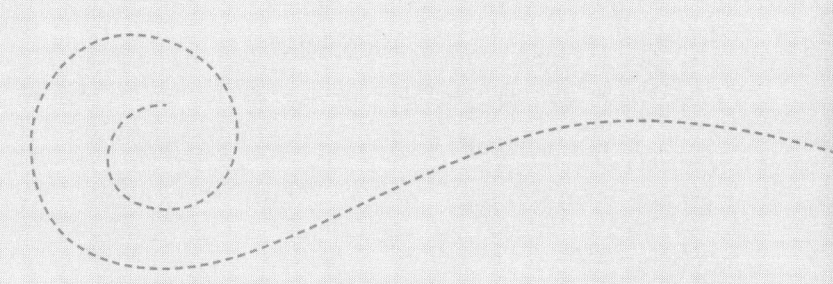

맑은 계절의 시작에 서서
작은 소리로 노래를 부릅니다
다시 시작하는 노래를

4부

시작하는 시

겨울 시작

어려움을 견뎌낼 수 있도록
숨어 있는 햇살을 찾아
눈썹 위에 얹어 놓았습니다
어느새 포슬눈은
나뭇가지 속으로 스며들고
목마름이 지나간 자리에
새 한 마리 노래하고 있는데,
등 뒤로 그대의 따뜻한 눈동자 날아와
간질간질 날개 하나 돋게 하네요
겨울 시작하는 이 언덕 가장자리
또 봄이 올 거라고 말하는
땅 속 뿌리의 속삭임 들으며
가만히 용감한 발을 모아봅니다.

나의 여행에 바라는 글

시간이 느리게 지나가는 여행일 것
하늘 볼 공간이 있는 여행일 것
지금 보는 것보다
더 오래 간직할 수 있게
켜켜이 시간의 페이지를
무겁지 않을 만큼만 모을 것
깊숙이 숨겨 두었던
햇살과 향기를
조금씩 꺼내서 맛보고
생의 아름다움 나눌 바람으로
살포시 함께 할 것

하늘 위에서

나만의 정교한 시간
나만의 견고한 공간
시간과 공간의 매트릭스로 걸어 들어간다
책의 단어와
나의 단어를 교차시키자
새로운 문장으로 된 길이 나타났다

여름옷 입은 겨울의 나는
두 개의 시간을
하늘 위에서 만나게 한다
마음 담아 살아내야 할
생, 그 가운데
햇살 비추는 오후.

습관

해지는 풍경을 담으려고
매 순간 카메라를 드는 나는
내일도 해가 뜬다는 사실을
자꾸만 잊어버린다
지금의 이 순간은 다시 안 오니까
시간을 잡아 두고서
그곳이 파리건 서울이건
런던이건 시카고건
밀라노건 도쿄건
나무 뒤로
바닷물 속으로
산 아래로
사라지며 다시 생성되는
새로운 빛에게
사랑한다고 말한다

다이아몬드 헤드

산으로부터 폭발하여
뜨겁게 흘러내린 용암처럼
바다 위로 다시 태양이 떠오르고 있다

원래는 붉은 산만이
나무의 외침을 들을 수 있었다
나이 든 나무들은 처음부터 시인이었으니
바람이 불 때마다 노래했고
사람들은 같은 음악을 들었다

하늘빛 아래 나뭇잎 소리를 들어
나뭇가지 사이로 부서지는 햇살을 믿어
새벽바람을 사랑하는 너는
세상에서 가장 지혜로운 사람

바다를 품은 산은
뜨거웠다가 차가웠다가
스스로 걸어 나가 무지개가 되었지
나도 따라 푸른 물방울로
하늘을 날아다니네

소망

끝없는 바다에서 변화에 대해 생각했다
새벽빛과 석양을
온종일 번갈아 바라보는 혼자만의 시간
모래사장과 엄마 손을 잡고 가는 여자아이
역광으로 담아낸 하루가 오로지 내게로 향한다
엄마 손을 잡고 가던 나는
이제 그 시절의 엄마보다 나이가 들었구나
내 나이의 나에게 들려주는 태양의 언어가
소리로, 빛으로 다가온다
오하우의 풀들이 속삭여주니
마음자라기
언어자라기
마음 닦기
언어 닦기
아름다운 의사소통
건강한 의사소통
더 큰 나의 바람을 그렸네
그것이 이루어지리라는 확신.

잎맥을 따라

언제나 기대하지
세상이 무엇인가를 보여줄 거라고
차오른 달에서 미래를
길게 뻗어 올라가는 줄기와 잎에서 추억을
멈추지 않는 걸음을
온전히 받아주는 길
노래를 부르며 그곳을 사랑하지

불러낸 소리가 옅어진 곳이라 해도
삶은 가르쳐 줄 거야
가지 않을 수 없는 길에서도
여전히 서로의 메신저인 영혼들이
이곳을 지나갔을 거고
또 지나갈 것임을

계절 혼동

지붕 위에 남아
아직 녹고 있지 않은
눈이
초록 나무와 빨간 지붕을
연결하는 이음새가 된
그림
속으로 들어간다
마당에는 볏집 몇 덩이
밥상에
고추와 상추로 보답해주었을
작은 밭

숲은 초록이다
마음의 계절과
실제 함께한 기온은
다를 수 있음
그래,
내 마음은 너
봄을 향해
가고 있지.

시간의 내면

여기까지 데려다준
이야기를 생각한다
기억 조각에는 아픔도 기쁨도
햇살 같은 축복도 들어있다
한 장씩 기억책을 열어본다
야금야금 꺼내 쓰기 시작하자
나머지 여정에서도
여전히 적혀질
내내 들여다볼
시간의 내면

시간이 걸어오네

시간이 걸어오던 날
노래를 부르며 떨어진 모과를 주웠지
머리카락도 바람과 달리기했네
그대 시간도 함께 기억했어

언젠가 꿈에서 봤던 연못 실제로 있었지
높은 나뭇가지엔
아직 떨어지지 않은 커다란 모과
둥둥 떠다니는 구름 아래 찬란했는데

겨울 베란다엔
아직 싱싱한 주워온 모과 두 송이
우리 현존에 화답하네
새봄 분홍 꽃을 함께 그리워하며

오후의 동편 길은 어두워지고
저 멀리 해 지는 느티나무 곁엔
또다시 그대

I walk the line 2

선을 따라 걷는 나날들
언제나 시선을 땅에 둔 건 아니었다
새벽의 푸르름과
나무가 속삭이는 이야기
흰 구름 포슬포슬한 하늘 위의 약속과
작은 빛으로 화답해주는 햇살들
시간에 따라 달라지는 벽의 색깔
사람들의 걸음걸이와 눈동자
사이로 여행했으니
그 선은 자유였으리

탈출

만년필 그림자를 따라 글씨를 쓴다
동쪽을 향하는 눈동자가
흔들리는 영혼으로 말하는 걸 들으면서

몇 겹의 뇌 주름에 떠다니는
황금빛 세상이
초저녁 떠다 놓았던 달 한 그릇에
고여있다

겨울 시작에서 더듬거리던 말소리들이
깃털처럼 날아다니다가
상관없는 억양으로
의미는 사라진 재
달력의 숫자로 남았다

슬픔 안은 그 길목엔
빠져나갈 구멍이 가득하다
자, 탈출!

당신의 눈동자에서 눈꽃을 보았네

그대 눈동자엔 눈꽃이 피어있지
시간이 들어있는 눈송이

온갖 세상의 눈물, 열정의 땀
생을 돌고 돌아 강물로 흐르리
그것은 한 점 한 점 구름이 되고
하늘로부터 흰 눈 되어 다가왔네

눈꽃 안은 그대는
하얀 미소를 보내지

그대 눈동자에서 보았네
날아가는 강물
지나가는 바다
빗물같은 글자

그대에게 머물다가
먼 훗날 구름 되고
또 다른 눈송이 되겠지

그대 눈동자에서 눈꽃을 보았네
시간이 들어있는 눈송이를.

아침, 교정

1.
교정의 벚나무와 이팝나무, 모과나무는 나의 단어를 들으며 자랐다. 마음소리 듣는 동안 사람의 색깔을 구분했을 거고 이러저러한 저마다의 문장에 답해주었을 것이다. 소리의 정령, 호흡의 정령이 나무마다 흘러 다니는 바람과 악수하며 겹겹이 다른 색깔을 띤 존재들에게 길을 알려 주는 아침이었다. 서로 만나 이야기하는 저녁이 되면 아마도 이미 지나간 것, 오늘 일어난 것, 내일 또 생기는 것, 그 모두가 같은 마음의 자리라는 걸 알게 되겠지. 그리고 그 정령들은 각자 자기가 지키는 존재들에게 암시하는 법을 공유할 것이다.

2.
공유된 하늘과 대지와 나무, 잠시 안녕하며 헤어져 있던 여러해살이 들꽃들 앞에서 나는 춤을 추고 노래를 부른다. 기쁨 안은 분수가 차가운 물줄기로 박자를 맞춘다. 마음에 들어와 있는 글자를 엮어 내 결심을 말해본다. 다시 자유로움을 찾은 내 영혼이 훨훨 날아다니다가 잠시 나뭇가지에 앉아 쉬고 있거들랑 인사하면 된다고, 가만히 눈을 감고 그대를 사랑하라고.

겨울 방학

생각이 지나간 자리마다
격자무늬 구름이 떠 있다
이 하늘
당신도 보고 있는지
오지 않을 눈송이를 기다리며
노래를 불렀다

마른 나뭇잎 구르는 소리는
가을이 아니라 겨울에 들려온다
까마귀 웃는 소리 뒤엔
다시 햇살이 나지막하게 속삭이고
마음을 들여다보는 사이
어느새 저녁이 되었다

찻잔을 앞에 놓으니
잔을 쥔 당신의 손가락이
선명히 떠오르고
찻잔 안에는 보랏빛 노을 한 조각

선 따라가는 날

굽이굽이 초록 시냇물이
여름의 기억을 담고
산 그림자 안아 새 계절을 준비하고
토요일의 농가들은 고요하다

높은 속도의 기차는
세로줄 무늬 차도와
깊은 산조차도 삼켜버리고
내 목소리로 하늘을 부르라고 말해 준다

오늘 이날은 여름의 마무리인가
겨울의 시작인가

모든 관을 지나가는 뜨거운 생각들이
뇌로 향하는데
찌꺼기로 막혀있는 수도관처럼
걱정스런 덩어리들이 담겨있는 뇌가
영혼의 말을 전달한다
잠시 기다려달라고
조금 더 늦게 걸으라고

선택

까치집 걸려있는 미루나무를 보다가
어젯밤 꿈속
푸른 물고기가 떠올랐지
그 눈동자 초록빛 에메랄드가 되더니
찬란한 지느러미로 강을 유영했네

나무 사이사이 하늘이
물고기 담겨있던 강물처럼 흘러가는데
마음의 빗금을 지워내고
겨울의 입김 되어 속삭이는구나
그러려고만 한다면 유연한 날개로
언제든 날아갈 수 있어
너는 자유!

구름에게

채 비가 되지 못하고
무거워진 몸으로 마을을 지키고 있던 너
원래 거기 있던 것처럼
흰색의 덩어리로 피어오르고 있다
새로 생긴 물방울들과 함께 진로를 모색하고
며칠 새 더 큰 덩어리를 만들더니만
오늘 한꺼번에 땅과 만나러 왔구나
오래된 구름은
겹겹의 생각으로 호기롭네
용기 내어 쏟아지기로 한 모양이지
이미 경험했던 사물, 대상, 상황이어서
자기 몸이 느려진 걸 깜빡하고
그냥 속도를 낸 거야
아, 새로운 생각은
장면과 생각의 변화만이 아니라
태도나 몸동작도 포함하는구나.

시작 주문

좋아하는 것과 그렇지 않은 것
존재하는 여러 방식들을 관조할 것
다채로운 삶의 방식이 있음을 잊지 말 것
좋아하지 않는 것이라도
미워하지는 말 것

현관 청소

바닥에 구부려 앉아 있으니
발자국이 보인다
일어날 일을 기대하고 해결하려는 빠른 걸음
책들의 수런거림 안으로 들어가려는 느린 걸음
세상에서 얻어온 앎과
느린 지혜의 걸음이
발자국을 똑똑 찍으며
문 안에서 문 밖으로
문 밖에서 문 안으로
자세히 보면 보인다
반복하는 일상 속
시간이 흐르는 '모양'이

돌고 돌아, 다시 나

침대 자리만 빼놓고
온통 책으로 둘러싸인 침실
책을 모은 것이 아니라
단어나 문장을 포획하고 있음을
알게 된 아침
마치 그 책을 읽고 나면
그렇게 되기라도 하는 것처럼
꿀꺽꿀꺽 단어를 마시지
목에 걸리지 않는 그것은
허기진 내 몸속으로 들어가
마음에 닿는다
신경회로를 거쳐
작업기억처럼 잠시만 머물기도 하고
장기기억으로 축적되어 나를 바꾸기도 하네
책 안으로 들어가면
향기를 맡고
소리를 듣는다
시간과 공간의 순간이동 속
한참을 돌고 난 나는
어제의 내가 아닌걸

산의 일

누워있었네 그 산
욕심 없는 산은
도토리랑 솔방울을 품고
흙 아래 뿌리를 이불처럼 덮고 있었지
위로 위로 자라려고만 한 게 아니야
나무의 검은 가지와 분홍 꽃
초록 이파리와 바스락 낙엽
겨울이면 두꺼운 흰빛 눈송이
머리카락처럼 이고 지다
원래 흙 표면보다 높아졌구나
산을 바라보며
산을 오르고 싶어하는 이들은
높아도 높아도 하늘 아래 있다고 했으나
산은 결코 하늘이 되려고 한 적이 없었네
단지 하늘 보고 누워있을 뿐
나무 보고 누워있는 풀들같이
빛의 찬란함 그대로
빗방울 아래
봄, 여름, 가을, 겨울,
아침, 저녁,

넉넉히 하늘을 사랑하지
사람들이 자기에게 불러준 노래를
하늘로 띄우면서.

길 위의 당신

오래된 거리
기억 속에서 걷던
그 거리에는
항상 당신이 있다
지금
걸어가고
달려가는
이 길에도
여전히 당신이 있다
웃는 모습으로
걱정하는 모습으로
기대하는 모습으로
우리의 남은 길에는
손잡은 마음이 있다

4부/ 시작하는 시

우리

첫 만남의 경이로움과
그일 것이라고 믿는 순간의 빛과
존재하는 것이 아닐지도 모른다는 것에
실재를 위한 언어로 분류하고
우리는 사랑을 한다
사랑은 처음 그대로의 크기지만
현존하는 우리는 그때의 개인이 아니다
그 시간의 내가 아닌 내가
그 시간의 그가 아닌 그를
다시 사랑한다
본질들끼리 변화하는 생각들을 나누며
다른 것이 되어있음을 수용한 채
관계 안에서 내가 그를 변화시켰으며
그가 나를 변화시켰으니
적극적이며 능동적인 수용의 자세로
우리는 우리 세계를 사랑하는 거다
끝과 시작은 하나이려니
분명 두 면이었으되
하나로 펼쳐진
우리 인생의 또 다른 시작

첫 순간은 영원하리라는 걸
나는 믿는다

시작하는 시

나의 거리에는 햇살이 있어요
나뭇잎들이 반짝이며 봄을 속삭입니다
혼자 걸어도 외롭지 않음은
이 거리에 온갖 어둠, 바람, 비를 품고
다시 태어난 새로운 시간이 흐르기 때문이지요
꿈속에서 고개를 끄덕이게 했던 불빛,
내 안의 깨달음은 새벽을 채워주었어요
나랑 악수하며 시작始作했던 시작時作, 그리고 시詩
지금은 마음 곁에 친구로 남아
매일매일을 밝혀주네요
감사하고, 감동하는 새날들이
더 건강하고 아름답기를,
맑은 계절의 시작에 서서
작은 소리로 노래를 부릅니다.
다시 시작하는 노래를.

푸른문학선·212

나로 존재하기

2023년 5월 25일 초판 인쇄
2023년 5월 30일 초판 발행

저　자 | 김 화 수
발행인 | 李 惠 順
편집인 | 이 은 별
주　간 | 임 재 구

발행처 | 푸른문학사
등　록 | 제 2015 - 000039
주　소 | 서울시 강북구 도봉로 313 효성인텔리안빌딩
전　화 | 02) 992 - 0333
팩　스 | 02) 992 - 0334

신　문 | 푸른문학신문(인터넷)www.kblpn.com
BAND | 푸른문학
이메일 | poet33@hanmail.net

cafe.daum.net/stargreenwood푸른문학사

ISBN 979-11-88424-84-9

값　13,000원

저자와의 합의하에 인지 첨부 생략합니다.
이 책은 저작권법에 의해 보호를 받는 저작물이므로 무단전재와 복제를 금합니다.